Société Anonyme des Établissements

CANAT & DE LA CHAPELLE

Siège Social : COUIZA-MONTAZELS (Aude)

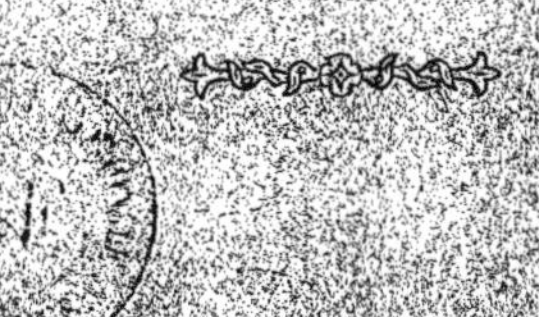

RAPPORTS

présentés à l'Assemblée Générale Ordinaire du 22 Avril 1926

Imprimerie Talamas. — F. Pornon, Limoux
1926

CONSEIL D'ADMINISTRATION

M. BABOU Jules, Chevalier de la Légion d'Honneur, ***Président.***

M. SALVAIRE Paul, de Limoux, *Vice-Président.*

Mme de la CHAPELLE, aux Gélis.

Mme ALBA, de Limoux.

M. VIGNÉ Bernard, de Toulouse.

M. DEAUX Pol, de Carcassonne, *Administrateur de Société, Négociant.*

M. CANAT Antoine.

M. MELLIÈS Antoine, de Toulouse.

M. FARGE Faustin, de Carcassonne.

Commissaires aux Comptes :

M. RIVIÈRE Auguste, de Limoux.

M. JÉCHOUX, Directeur de l'Ecole Pigier de Toulouse.

DIRECTION :

M. CANAT Antoine, *Administrateur, Directeur Général.*

M. de la CHAPELLE, *Directeur Commercial.*

M. de ANGELIS, *Directeur Technique.*

Assemblée Générale Ordinaire du 22 Avril 1926

RAPPORT
DU CONSEIL D'ADMINISTRATION

Mesdames, Messieurs,

Nous conformant à l'article 27 de la loi du 24 Juillet 1867 et aux obligations de nos Statuts, nous vous avons convoqués en Assemblée Générale Ordinaire pour vous faire connaître la situation de votre Société et pour soumettre à votre approbation les comptes de votre exercice, clôturé le 31 Décembre écoulé.

Auparavant, nous croyons devoir vous mettre au courant des principaux évènements qui ont marqué les étapes de votre dernier exercice et vous montrer également les efforts de votre Conseil d'Administration en vue d'assurer la bonne marche de votre entreprise.

AUGMENTATION DE CAPITAL

Votre capital a été augmenté d'une tranche de 500.000 francs, qui a pu être facilement souscrite. Cette augmentation a permis d'assurer le développement de notre Usine, de compléter son installation et d'amorcer la construction de notre Usine de Cloches.

USINE CLOCHE

Nous avons pu traiter l'édification de notre Usine de Cloches dans des conditions satisfaisantes. Nous avons pris nos dispositions pour nous assurer le matériel nécessaire à son équipement moderne.

Actuellement, cette usine est en partie construite ; elle pourra être dans un parfait état de marche dans un délai de quelques mois.

MARCHÉS PASSÉS — APPROVISIONNEMENTS

Nous avons enregistré des ordres importants à exécuter dans le cours du présent exercice. Votre Usine voit sa production assurée pendant de nombreux mois et à des conditions avantageuses. Votre stock marchandises est largement suffisant pour l'exécution de ces ordres.

DÉVELOPPEMENT DES AFFAIRES DE LA SOCIÉTÉ

Nous sommes heureux de vous montrer la marche ascendante de notre chiffre d'affaires. Pendant le cours de l'exercice 1924, nous avions atteint le chiffre de 5.319.856 francs ; il s'est élevé à francs 7.831.294 en 1925.

Bien que le prix des ventes soit supérieur à celui pratiqué pendant l'exercice 1924, la production de votre Usine s'est accrue dans de notables proportions. Cette production a été favorisée par la bonne marche de votre Usine d'Appropriage, qui nous donne complète satisfaction.

RÉSULTATS

Les bénéfices réalisés pendant le cours de l'exercice se sont élevés à 621.832 francs 71, après avoir supporté un amortissement normal de vos immobilisations.

Ce résultat se dégage du bilan qui vous est présenté et qui se trouve résumé dans le rapport des Commissaires aux Comptes.

RÉPARTITION

Votre Conseil d'Administration vous propose de répartir le bénéfice net de la façon suivante, conformément à l'article 52 des Statuts de votre Société :

Bénéfice net		621.832 71
Première Répartition :		
a) 5 % à la réserve légale	31.091 63	
b) Somme nécessaire pour servir aux actions un intérêt de 6 % sur les sommes dont elles sont libérées :		
1° sur 4.000 actions	120.000	157.283 61
2° sur les 1.000 actions de la 3e émission, à compter du jour des versements	6.191 98	
Reste francs		464.549 10
à répartir comme suit : 10 % au Conseil d'Administration		46.454 91
Reste francs		418.094 19
servant de base au calcul de la participation des Directeurs suivant contrat passé		
Participation de la Direction		53.618 83
Reste francs		364.475 36
Sur cette somme, votre Conseil vous propose de porter à une réserve spéciale la somme de francs		280.000
et de distribuer le reliquat, soit francs		84.475 36
conformément à l'article 52 des Statuts, c'est-à-dire :		
75 % aux actions	63.356 52	
25 % aux Parts de Fondateur	21.118 84	
Total	84.475 36	

Si vous acceptez cette répartition, vos réserves seront portées à la somme de frs. 587.757 64

Vos amortissements à francs 308.283 76

Et le coupon n° 2 de vos actions sera payé à 45 francs 83.

La somme revenant à chacune des parts de fondateur sera de 8 francs 12.

Le tout, impôts à la charge du bénéficiaire à déduire.

Nous vous prions d'ordonner que le paiement des intérêts et dividende ci-dessus soit fixé à la date du 31 août, au Siège Social et à la Société Générale, à Limoux.

Conformément à l'article 33 des Statuts, vous avez à fixer, pour l'exercice 1925, le montant des jetons de présence à allouer aux Administrateurs.

Le mandat conféré à MM. RIVIÈRE et JÉCHOUX est expiré. MM. RIVIÈRE et JÉCHOUX sont rééligibles. Nous vous proposons de les nommer à nouveau et de porter leurs honoraires à 500 francs pour chacun d'eux.

Assemblée Générale Ordinaire du 22 Avril 1926

RAPPORT
DES COMMISSAIRES AUX COMPTES

Messieurs les Actionnaires,

Au cours de votre Assemblée Générale du 15 Juin 1925, vous avez bien voulu nous désigner à nouveau comme Commissaires aux Comptes de votre Société pour l'exercice 1925 ; nous venons vous rendre compte de notre mandat.

Nous avons pu constater la bonne tenue de votre comptabilité ; elle est conçue d'une manière claire et facilement contrôlable.

Les vérifications auxquelles nous nous sommes livrés, ensemble ou séparément, nous ont permis de reconnaître l'exactitude des comptes qui sont soumis à votre approbation. Nous avons analysé scrupuleusement chacun des postes de votre Bilan et du Compte de Profits et Pertes, nous en avons reconnu l'exactitude et la sincérité.

Nous vous donnons ci-après quelques explications sur les postes du Bilan qui vous est présenté.

ACTIF

Espèces en Caisse et en Banque, francs	1.194.811 40
Ce poste représente bien les espèces en Caisse et le solde débiteur des Banquiers au 31 Décembre 1925.	
Débiteurs divers, francs	438.006 45
Cette somme représente bien des créances entièrement réalisables ; celles qui paraissaient douteuses (28.025 10) ont été amorties directement de 50 %.	
Immobilisations, francs............................	1.484.539 30
Ce chapitre ne figurait à votre bilan précédent que pour francs : 1.174.667 05. L'augmentation de francs : 309.872 25 qui apparait a été motivée par l'achat de matériel neuf et d'installations diverses nécessités par l'équipement des usines de cloches et d'appropriage.	
Marchandises, francs..............................	3.301.585 80
Votre stock a été chiffré au prix de revient. Le récolement des marchandises a été fait très scrupuleusement sous le contrôle de deux Administrateurs et d'un Commissaire.	
Divers. Frais avancés pour l'exercice futur et impôt sur le Revenu des Actions	43.460 54
Total de l'Actif.................	6.462.403 49

PASSIF

Capital, francs	2.500.000
Créditeurs divers, francs	2.755.621 01
(Ce poste s'analyse de lui-même).	
Amortissements et Réserves :	
1° Amortissements pratiqués depuis le début jusqu'à fin Décembre 1925	308.283 76
2° Réserves provenant des exercices antérieurs	276.666 01
Total du Passif	5.840.570 78

Votre Bilan se clôture par un bénéfice net de francs 621.832 71, que votre Conseil d'Administration vous propose de répartir comme suit, conformément à l'article 52 des Statuts de votre Société :

1° Réserve légale 5 %	31.091 63
2° Intérêts aux Actionnaires	126.191 98
3° Participation au Conseil d'Administration	46 454 91
4° Participation à la Direction (suivant contrat)	53.618 83
5° Somme à porter à un compte de Réserves	280.000
6° Dividende aux Actions et aux Parts de Fondateur	84.475 36

Votre trésorerie pouvant permettre la répartition ci-dessus, nous ne pouvons que vous engager à l'accepter, ainsi que les comptes qui vous sont présentés.

Nous sommes heureux de constater la bonne situation de votre Société qui possède un actif liquide et facilement réalisable (débiteurs et marchandises) de francs 4.934.403 15, contre un passif exigible de francs 2.755.621 01.

Couiza, le 28 février 1926.

Les Commissaires aux Comptes :

A. RIVIÈRE, *signé.*

JÉCHOUX, *Directeur de l'Ecole Pigier de Toulouse, signé.*

Bilan au 31 Décembre 1925

Actif

Espèces en Caisse et en Banque	1.194.811 40
Débiteurs divers	438.006 45
Immobilisations	1.484.539 30
Divers	43.460 54
Stock marchandises	3.301.585 80
Total de l'Actif	6.462.403 49

Passif

Capital	2.500.000
Créditeurs divers	2.755.621 01
Amortissements	308.281 76
Réserves	276.666 01
Total du Passif	5.840.570 78
Résultats 1925	621.832 71
	6.462.403 49

Compte de Profits et Pertes

Débit

Frais de fabrication Cloche	566.696
Frais de fabrication Appropriage	953.152 70
Frais commerciaux divers	179.837 60
Commissions aux Représentants	319.559 05
Intérêts et agios	142 630 15
Amortissements 1925	164.646 01
Impôts sur Bénéfices I. et C.	40.189 85
Réduction sur créances douteuses	14.012 55
	2.380.723 91
Bénéfice Net	621.832 71
	3.002.556 62

Crédit

Bénéfice Brut	3.000.672 35
Profits divers	1.884 27
	3.002.556 62

RÉSOLUTIONS

adoptées à l'Assemblée Générale Ordinaire du 22 Avril 1926

PREMIÈRE RÉSOLUTION

L'Assemblée Générale, après avoir entendu lecture du rapport du Conseil d'Administration et de celui du Commissaire aux Comptes, approuve les comptes sociaux arrêtés au 31 Décembre 1925, tels que les a établis le Conseil d'Administration et qu'ils sont résumés dans le bilan et, après avoir entendu les explications du Conseil sur l'exécution de son mandat, elle donne aux Administrateurs quitus de leur gestion pour l'exercice clos.

Cette résolution est adoptée à l'unanimité.

DEUXIÈME RÉSOLUTION

L'Assemblée, approuvant le compte « Profits et Pertes » dressé par le Conseil d'Administration, ainsi que les propositions de dividendes par lui faites, fixe le premier dividende à 30 francs et le super-dividende à 15 fr. 83, soit en tout 45 fr. 83 par action, et fixe à 8 fr. 12 la quote-part revenant à chaque part de fondateur, et décide que ces sommes seront payables à l'époque fixée par le Conseil d'Administration, sous déduction des impôts, contre détachement du coupon n° 2 pour les actions et n° 2 pour les parts de fondateur.

L'Assemblée approuve la proposition de mise en réserve de la somme de 280.000 francs avec l'affectation et la répartition que le Conseil croira devoir lui donner.

Cette résolution est adoptée à l'unanimité.

TROISIÈME RÉSOLUTION

L'Assemblée Générale nomme, pour l'exercice 1926, MM. RIVIÈRE, Négociant à Limoux, et JÉCHOUX, Directeur de l'Ecole Pigier de Toulouse, en qualité de Commissaires aux Comptes, avec mission de faire, ensemble ou séparément, à la prochaine Assemblée Générale annuelle, un rapport sur les comptes de l'exercice et d'accomplir tous les actes inhérents à leurs fonctions. Elle fixe leurs émoluments à la somme de 500 francs pour chacun d'eux.

Cette résolution est adoptée à l'unanimité.

QUATRIÈME RÉSOLUTION

L'Assemblée Générale fixe à une somme globale de 10.000 francs par an la somme à allouer au Conseil d'Administration, quel que soit le nombre des Administrateurs et des séances du Conseil.

Cette résolution est adopté à l'unanimité.

CINQUIÈME RÉSOLUTION

L'Assemblée accepte l'offre de démission de M. DEAUX comme membre du Conseil d'Administration et lui exprime ses vifs regrets en même temps que ses remerciements pour les services rendus à la Société depuis sa création.

De son côté, la Direction retire son offre de démission.

Cette résolution est adoptée à l'unanimité.

De tout ce que dessus, il a été dressé le présent procès-verbal qui a été signé par les Membres du Bureau après lecture.

Ont signé :

Le Président :
J. BABOU.

Les Scrutateurs :
A. MELLIÈS et A. CANAT.

Le Secrétaire :
DE LA CHAPELLE.

IMPRIMERIE TALAMAS — F. PORNON, LIMOUX
1926

Société Anonyme des Établissements

CANAT & DE LA CHAPELLE

Siège Social : COUIZA-MONTAZELS (Aude)

RAPPORTS

présentés aux Assemblées Générales Ordinaire et Extraordinaire

du 19 Mai 1927

Imprimerie Talamas. — F. Pornon, Limoux — 1. 82
1927

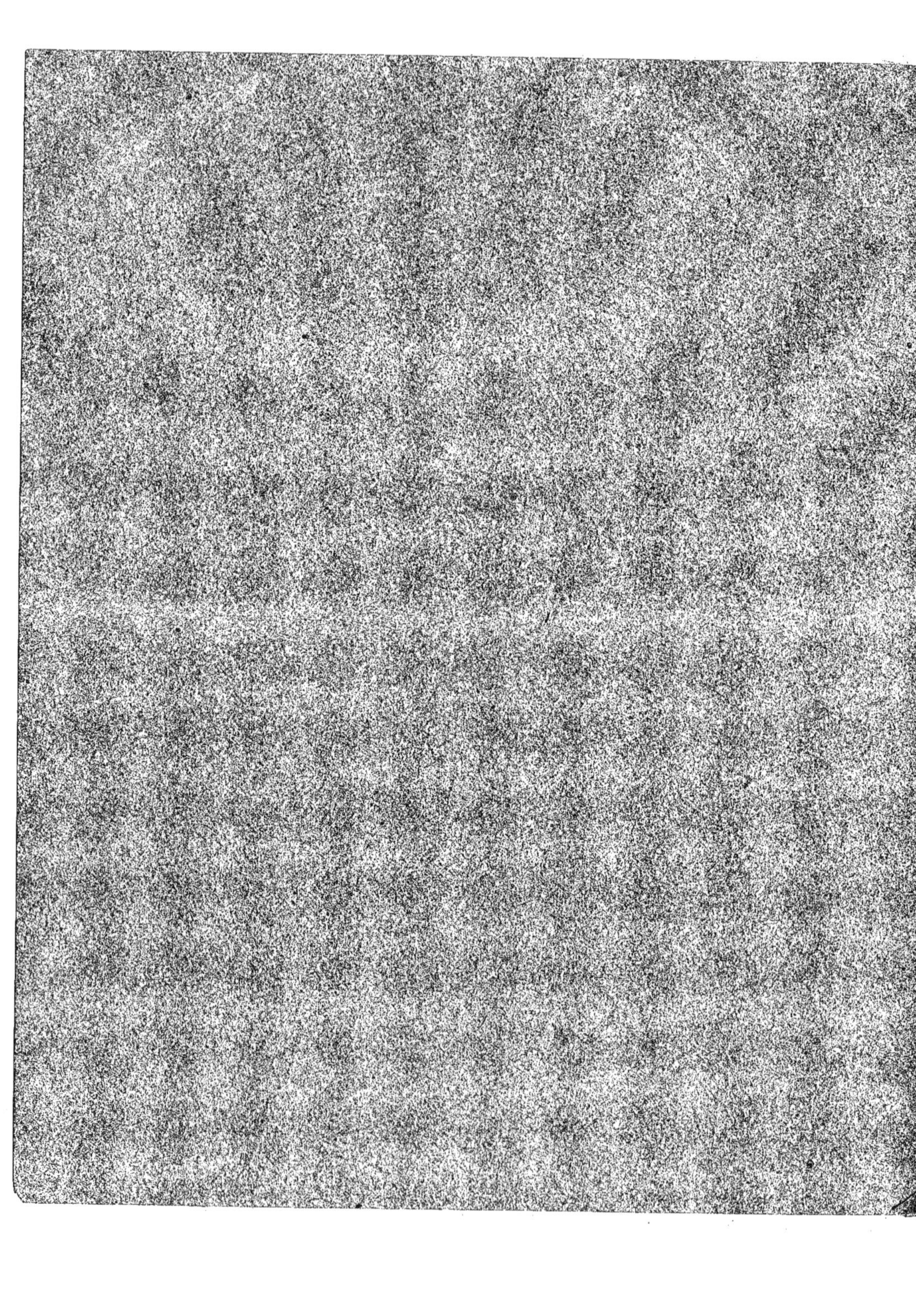

Société Anonyme des Etablissements

CANAT & DE LA CHAPELLE

Siège Social : COUIZA-MONTAZELS (Aude)

RAPPORTS

présentés aux Assemblées Générales Ordinaire et Extraordinaire

du 10 Mai 1927

Imprimerie Talamas. — F. Pornon, Limoux. — Tph 82
1927

PROCÈS-VERBAL

DES ASSEMBLÉES GÉNÉRALES ORDINAIRE ET EXTRAORDINAIRE

L'an mil neuf cent vingt-sept, le dix mai, à 14 heures, les actionnaires de la « SOCIÉTÉ ANONYME DES ETABLISSEMENTS CANAT & DE LA CHAPELLE », au capital de 3.300.000 francs, divisé en six mille six cents actions de 500 francs chacune, se sont réunis en Assemblée générale ordinaire et extraordinaire, conformément aux articles 35, 36, 42 et 43 des statuts, au siège social à COUIZA, sur la convocation faite par le Conseil d'administration, suivant avis inséré dans le journal d'annonces légales « *Le Journal de Limoux* » troisième feuille du dix-sept avril mil neuf cent vingt-sept.

Il a été dressé une feuille de présence qui a été signée par tous les actionnaires présents à la réunion ou par leur fondé de pouvoirs.

L'Assemblée procède à la composition de son bureau, dont la présidence revient statutairement à M. BABOU Jules, Président du Conseil d'administration.

M. MELLIÈS et M. CANAT, les deux plus forts actionnaires présents et acceptant, sont appelés comme scrutateurs.

M. DE LA CHAPELLE Godefroy est désigné comme secrétaire.

Monsieur le Président constate, d'après la feuille de présence certifiée véritable par les membres du bureau, que 57 actionnaires, possédant 5196 actions sont présents ou représentés.

En conséquence, l'Assemblée générale réunissant plus des trois-quart du capital social est déclarée régulièrement constituée, et peut délibérer valablement comme Assemblée générale ordinaire et extraordinaire.

Monsieur le Président demande à l'Assemblée de lui en donner acte, ce qui est accepté à l'unanimité.

Monsieur le Président déclare ouverte l'Assemblée ordinaire, et il dépose sur le bureau, pour être mis à la disposition de tous les actionnaires présents à la réunion :

1° L'inventaire arrêté au 31 décembre 1926 de toutes les valeurs actives ou passives de la Société à cette date ;

2° Le bilan de la Société au même jour ;

3° Le compte profits et pertes ;

4° Le rapport du Conseil d'administration ;

5° Le rapport dressé par les commissaires aux comptes.

Monsieur le Président demande à l'Assemblée de constater que l'inventaire, le bilan et le rapport des commissaires ont été mis à la disposition des actionnaires, au siège social, quinze jours avant la présente réunion.

L'Assemblée, à l'unanimité, reconnaît l'exactitude de cette constatation et elle en donne acte au Conseil d'administration avec décharge spéciale pour tout ce qui se rapporte à la communication de ces documents.

Monsieur le Président rappelle que, selon l'ordre du jour, l'objet de l'Assemblée générale ordinaire est :

1° D'entendre lecture du rapport du Conseil d'administration sur les opérations de l'exercice 1926.

2° D'entendre le rapport des commissaires sur les comptes de cet exercice ;
3° De voter sur l'approbation des comptes arrêtés au 31 décembre 1926 ;
4° D'approuver la répartition des bénéfices et la fixation des dividendes ;
5° De donner quitus de gestion aux administrateurs ;
6° De ratifier la nomination provisoire d'un administrateur ;
7° De fixer les jetons de présence ;
8° De nommer les commissaires aux comptes.

Se conformant aux indications de l'ordre du jour, Monsieur le Président donne lecture du rapport dressé par le Conseil d'administration et relatif aux opérations réalisées par la Société pendant l'exercice écoulé.

L'un des commissaires donne ensuite lecture du rapport des commissaires sur les comptes du même exercice.

Après l'échange de diverses observations, personne ne demandant plus la parole, le Bureau déclare la clôture de la discussion et M. le Président met successivement aux voix les résolutions suivantes :

PREMIÈRE RÉSOLUTION

L'Assemblée générale, après avoir entendu lecture du rapport du Conseil d'administration et celui du commissaire aux comptes, approuve les comptes sociaux arrêtés au 31 Décembre 1926, tels que les a établi le Conseil d'administration et tels qu'ils sont résumés dans le bilan.

Après avoir entendu les explications du Conseil sur l'exécution de son mandat, elle donne aux administrateurs quitus de leur gestion pour l'exercice clos.

Cette résolution est adoptée à l'unanimité.

DEUXIÈME RÉSOLUTION

L'Assemblée approuvant le compte « profits et pertes » dressé par le Conseil d'administration ainsi que les propositions de dividendes par lui faites, fixe le premier dividende à 30 francs et le super-dividende à 7 fr. 50, soit en tout 37 fr. 50, et fixe à 4 fr. 80 la quote-part revenant à chaque part de fondateur, et décide que ces sommes seront payables à l'époque fixée par le Conseil d'administration, sous déduction des impôts, contre détachement du coupon n° 3 pour les actions, et n° 3 pour les parts de fondateur.

L'Assemblée approuve la proposition de mise en réserve extraordinaire de la somme de 662.994 fr. 76, avec l'affectation et la répartition que le Conseil croira devoir lui donner.

Cette résolution est adoptée à l'unanimité.

TROISIÈME RÉSOLUTION

L'Assemblée accepte la démission de M. Salvaire comme membre du Conseil d'administration, et lui exprime ses vifs regrets en même temps que ses remerciements, pour les services rendus à la Société depuis sa création.

Elle ratifie la nomination provisoire de M. Duclos en remplacement de M. Salvaire.

Cette résolution est adoptée à l'unanimité.

QUATRIÈME RÉSOLUTION

L'Assemblée générale nomme pour l'exercice 1927 MM. Jéchoux, directeur de l'Ecole Pigier de Toulouse, et M. Rivière, négociant à Limoux, en qualité de commissaires aux comptes, avec mission de faire ensemble ou séparément. à la prochaine Assemblée générale annuelle, un rapport sur les comptes de l'exercice et d'accomplir tous les actes inhérents à leurs fonctions. Elle fixe leurs émoluments à la somme de 500 francs pour chacun d'eux.

Cette résolution est adoptée à l'unanimité.

CINQUIÈME RÉSOLUTION

L'Assemblée générale maintient à une somme globale de 10.000 francs par an la somme à allouer au Conseil d'administration, quel que soit le nombre des Administrateurs et des séances du Conseil.

Cette résolution est adoptée à l'unanimité.

L'ordre du jour étant épuisé, Monsieur le Président déclare close l'Assemblée générale ordinaire et rappelle à l'assemblée qu'elle a à délibérer en Assemblée générale extraordinaire sur l'ordre du jour suivant :

Suspension pour l'augmentation du capital en cours des droits préférentiels de souscription des actionnaires, prévus par l'article 21 des statuts.

Monsieur le Président donne lecture du rapport du Conseil et met aux voix la résolution suivante :

« L'Assemblée ratifie, en tant que de besoin, le désistement des actionnaires de leurs droits préférentiels de souscription pour l'augmentation de capital en cours, désistement résultant implicitement du droit exclusif pour les porteurs d'obligations de souscrire à cette augmentation du capital ».

Cette résolution est adoptée à l'unanimité.

Monsieur le Président, au nom du bureau, remercie les actionnaires et retrace les difficultés énormes que la direction a eu à surmonter pendant le cours du dernier exercice. Difficultés matérielles créées par le déménagement de l'usine d'Espéraza et par l'équipement et la mise au point de celle de Couiza, tout en maintenant la production à un niveau supérieur à celui de l'année précédente ; difficultés financières créées par la revalorisation précipitée du franc, qui a ébranlé toutes les industries françaises.

Il loue la prudence et l'inlassable activité de la direction qui a permis de sortir heureusement de cette période dangereuse, et prie l'Assemblée de s'associer à lui pour féliciter M. Canat, directeur général et ses collaborateurs à la direction, MM. de la Chapelle et Alba.

La séance est levée à 16 heures.

De tout ce que dessus, il a été dressé le présent procès-verbal qui a été signé par les membres du bureau après lecture.

Ont signé :

Le Président :	*Les Scrutateurs :*
J. BABOU.	A. MELLIÈS et A. CANAT.

Le Secrétaire :
G. de la CHAPELLE.

RAPPORT DU CONSEIL D'ADMINISTRATION

à l'Assemblée Générale Ordinaire Annuelle

du 10 Mai 1927

Messieurs,

Nous conformant aux prescriptions de l'article 36 de nos statuts, nous vous avons convoqués en Assemblée générale ordinaire pour soumettre à votre approbation les comptes de l'exercice écoulé, vous demander de fixer la répartition des bénéfices et vous mettre au courant des principaux évènements qui ont marqué les étapes de votre Société.

Le solde de l'augmentation du capital de 2.000.000 de francs, autorisée par l'Assemblée générale du 15 avril 1924 a été réalisé et, de ce fait, votre capital social a été porté à 3.300.000 francs.

L'édification complète de l'usine de Couiza est maintenant achevée. L'exécution du programme que nous nous étions tracé nous a, certes, imposé un effort financier considérable, mais il place votre Société, après quatre ans d'efforts, aux premiers rangs de l'industrie mondiale de la chapellerie, en lui donnant une usine moderne, d'une puissance de production et de rendement qui lui permettent d'affronter toute concurrence.

Les nouvelles installations n'ont pas encore donné leur plein rendement ; néanmoins, la production a pu être augmentée très sensiblement au cours de l'année écoulée, et votre chiffre d'affaires s'est élevé à 15.500.000 francs environ, contre 7.000.000 de francs l'année précédente.

Nous sommes heureux de vous signaler que l'importance des débouchés mondiaux que nous nous sommes ouverts nous a évité le chômage entraîné par la crise économique que nous venons de traverser. La reprise sensible des affaires que nous enregistrons nous fait espérer une saison d'hiver intéressante.

Examinons le bilan arrêté au 31 décembre écoulé, qui se trouve résumé dans le rapport des commissaires aux comptes :

Actif..................................	8.971.754 65
Passif.................................	7.955.810 70
Le bénéfice net ressort donc à : ..	1.015.943 35

Ce résultat aurait été autrement impressionnant sans les conséquences de la revalorisation du franc qui ont entraîné, sur les évaluations de stock, de sérieuses dépréciations et pesé lourdement sur le résultat de l'exercice.

D'autre part, nous attirons votre attention sur l'importance des amortissements que nous avons effectués pour cette année pour une somme de 489.382 fr. 56, contre 164.646 fr. 01, montant des amortissements de l'exercice 1925.

Pour vous permettre de comparer le résultat de cet exercice avec celui des années précédentes, nous allons vous les rappeler :

BÉNÉFICES		AMORTISSEMENTS
Année 1923...	162.567 31	66.045 70
» 1924...	281.974 40	77.592 05
» 1925...	621.832 71	164.646 01
» 1926...	1.015.943 35	189.382 56

Nous vous proposons de répartir le bénéfice net de la façon suivante, conformément à l'article 52 des statuts :

Bénéfice net 1.015.943 35

PREMIÈRE RÉPARTITION

a) 5 % à la réserve légale	50.797 15	
b) Sommes nécessaires pour servir aux actions un intérêt de 6 % sur les sommes dont elles sont libérées :		
1° Sur 5.000 actions	150.000	
2° Sur les 1.600 actions de la 4me émission, à compter du jour des versements	22.929 81	
	223.726 96	223.726 96
Reste francs		792.216 39
à répartir comme suit :		
10 % au Conseil d'administration		79.221 63
Reste		712.994 76

Statutairement, la répartition de cette somme devrait s'opérer de la façon suivante :

75 % aux actions
25 % aux parts

En raison de l'effort financier considérable que l'achèvement de l'usine de Couiza a entraîné et, d'autre part, tenant compte des besoins supplémentaires de trésorerie nécessités par l'augmentation de votre chiffre d'affaires, votre Conseil, conscient de vos intérêts, vous propose de porter la totalité de cette somme aux réserves, à l'exception cependant d'une somme de 50.000 francs à répartir conformément aux statuts, soit :

75 % aux actions, soit 37.500 francs
25 % aux parts, soit 12.500 francs

Si vous acceptez cette répartition, vos réserves seront augmentées de 662.994 fr. 76, et portés à la somme globale de : 1.301.549 56
vos amortissements à : 797.666 32

Le coupon no 3 des actions de 1 à 5.000 sera payé 30 francs, plus :

$$\frac{37 \times 500}{5.000} = 7\ 50, \text{ soit } 37 \text{ fr. } 50$$

et le coupon no 3 des parts : 4 fr. 80.

Le tout impôts à la charge du bénéficiaire à déduire.

Nous vous proposons de fixer à la date du 30 septembre le paiement de ces coupons.

Nous avons à vous faire part de la démission de M. Salvaire, motivée par son départ pour l'Indo-Chine, et vous prions de vous associer à votre Conseil pour le remercier des services qu'il a rendus à notre Société.

Conformément aux pouvoirs conférés au Conseil d'administration par l'article 25 des statuts, et dans l'intérêt de notre Société, une place au Conseil a été offerte à M. Duclos, Chevalier de la Légion d'Honneur, Administrateur délégué de la S. I. T., avec caractère provisoire.

Nous soumettons cette nomination à votre approbation.

Nous vous proposons de maintenir à la somme globale de 10.000 francs les jetons de présence à allouer au Conseil d'administration.

Le mandat conféré à MM. Jéchoux et Rivière est expiré, MM Jéchoux et Rivière sont rééligibles ; nous vous proposons de les nommer à nouveau et de porter leurs honoraires à 500 francs pour chacun d'eux.

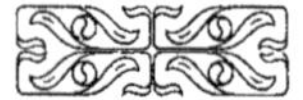

RAPPORT
DES COMMISSAIRES AUX COMPTES

Messieurs les Actionnaires,

Vous avez bien voulu nous confier le mandat de commissaires aux comptes de votre Société pour l'exercice 1926 ; nous venons vous rendre compte de notre mission.

Votre comptabilité a été mise à notre disposition dans les délais légaux. Les comptes qui nous ont été présentés ont été reconnus exacts. Nous devons également reconnaître la bonne tenue de vos écritures.

Nous avons procédé à un examen approfondi de tous les postes de votre bilan et de votre compte de pertes et profits. L'évaluation de votre stock au 31 décembre 1926 a fait l'objet d'un examen sévère, tant au point de vue de recolement auquel nous avons assisté, qu'à celui de l'application des prix.

Vos immobilisations ont particulièrement retenu notre attention à cause de leur importance.

Ci-après, nous vous donnons nos observations sur les postes de votre bilan.

ACTIF

I. — IMMOBILISATIONS, francs 3.271.065 80

Ce poste est en augmentation de francs 1.786.526 50. Cette augmentation porte principalement sur la construction de votre usine de cloches et sur son équipement complet. A l'heure actuelle, votre usine est parfaitement au point pour la fabrication de la cloche et de l'appropriage. L'effort qui vous a été demandé paraît donc avoir été atteint.

II. — DISPONIBLE ET RÉALISABLE, francs 1.482.241 60

Ce chapitre se compose : de débiteurs entièrement solvables pour francs 967.093 40 et de créances douteuses amorties des 2/3 pour fr. 25.304 35.

Les marchandises à facturer représentent des commandes à livrer dès les premiers jours de 1927. Ces marchandises ont été inventoriées au prix de revient.

Le portefeuille représente une participation de votre Société ; ces titres figurent pour leur valeur nominale.

III. — FRAIS AVANCÉS, francs 48.036 75

Ce poste représente l'avance faite à l'enregistrement pour les actionnaires et les assurances restant à courir sur 1927.

IV. — MARCHANDISES, francs 4.170.410 50

Ces marchandises ont été ramenées au cours du jour par des rabais allant de 5 à 30 %. Les marchandises en cours de fabrication ont été également dépréciées pour permettre un bénéfice normal en 1927.

TOTAL DE L'ACTIF 8.971.754 65

PASSIF

I. — CAPITAL. Actions libérées	3.300.000 00
II. — EXIGIBLE, francs	2.944.813 45
Ce poste représente bien la totalité des sommes dues à vos fournisseurs et représentants.	
III. — NOTES A PAYER, francs	91.454 20
Ce poste s'analyse de lui-même.	
IV. — COMPTES COURANTS DIVERS, francs	121.520 29
Cette somme représente les avances consenties par un de vos administrateurs et divers crédits de vos actionnaires.	
V. — PARTICIPATION A LA DIRECTION, francs	112.598 80
Cette participation est autorisée par l'art. 30 de vos statuts ; elle a été calculée conformément aux règles du contrat intervenu entre votre Société et vos directeurs.	
VI. — AMORTISSEMENT, francs	797.666 32
L'augmentation qui est indiquée à ce poste pour l'exercice 1926 est motivée par l'amortissement normal de vos immobilisations et par un amortissement supplémentaire destiné à l'apurement des postes qui se sont trouvés complètement transformés du fait de l'agrandissement et de la centralisation de votre usine à Couiza.	
VII. — RÉSERVES, francs	587.757 64
Ce poste représente les réserves acquises au cours des exercices antérieurs	
TOTAL DU PASSIF	7.955.810 70

RÉSULTAT

Le résultat de votre exercice se traduit par un bénéfice net de francs. 1.015.943 35
(Actif : 8.971.754 05 — Passif : 7.955.810 70)

La répartition qui vous est proposée par votre Conseil d'administration est en concordance avec l'art. 52 de vos statuts. Nous ne pouvons que vous engager à l'accepter, en vous engageant toutefois à fixer la date du paiement de votre coupon n° 3 à une époque permettant à votre trésorerie d'y faire face sans nuire à la marche normale de votre entreprise.

Les comptes qui vous sont présentés ayant été reconnus exacts, nous vous demandons de les accepter tels qu'ils sont soumis à votre approbation par votre Conseil d'administration.

Couiza, le 2 mars 1927.

Les Commissaires aux comptes :

JÉCHOUX, *signé.* A. RIVIÈRE *signé.*

Bilan au 31 Décembre 1926

Comptes d'Actif

IMMOBILISATIONS		
Terrains et bâtiments	913.328 45	
Matériel divers	2.013.457 95	
Frais de 1er établissement	194.279 40	
Fonds de commerce	150.000 00	3.271.065 80
DISPONIBLE ET RÉALISABLE		
Banquiers débiteurs	183.541 15	
Espèces en caisse	10.852	
Débiteurs français	455.231 75	
Créances anglaises	302.046 00	
Créances hollandaises	8.672 50	
Dollars	6.755 00	
Créances douteuses (amorties de 2/3)	25.304 35	
Marchandises à facturer	459.838 85	
Portefeuille	30.000 00	1.482.241 60
FRAIS AVANCÉS		
Impôt sur le revenu	35.712 75	
Assurances	12.324 00	48.036 75
MARCHANDISES		
Stock inventorié, dépréciations opérées		4.170.410 50
Total de l'actif		8.971.754 65

Comptes de Passif

CAPITAL		
Actions libérées		3.300.000 00
EXIGIBLE		
Fournisseurs	2.879.730 25	
Représentants	65.083 20	2.944.813 45
NOTES A PAYER		
Loyers	5.088 95	
Chiffre d'affaires	23.644 60	
Impôts à payer	43.353 75	
Notes diverses	19.366 90	91.454 20
COMPTES COURANTS		
Créditeurs divers		121.520 29
PARTICIPATION		
Personnel de la Direction		112.598 80
AMORTISSEMENTS		
Amortissements antérieurs	308.283 76	
Amortissements 1926	489.382 56	797.666 32
RÉSERVES		
Réserve légale	53.318 69	
Réserve extraordinaire	534.438 95	587.757 64
Total du Passif		7.955.810 70
RÉSULTAT 1926		1.015.943 95
		8.971.754 65

Bilan établi d'après les Résolutions de l'Assemblée Générale

Comptes d'Actif

IMMOBILISATIONS		
Terrains et bâtiments	913.328 45	
Matériel divers	2.013.457 95	
Frais de 1er établissement	194 279 40	
Fonds de commerce	150 000 00	3.271.065 80
DISPONIBLE ET RÉALISABLE		
Banquiers débiteurs	183 541 15	
Espèces en caisse	10 852 00	
Débiteurs français	455.231 75	
Créances anglaises	302.046 00	
Créances hollandaises	8 672 50	
Dollars	6 755 00	
Créances douteuses (amorties de 2/3)	25 304 35	
Marchandises à facturer	459.838 25	
Portefeuille	30.000 00	1 482 241 60
FRAIS AVANCÉS		
Impôt sur le revenu	35.712 75	
Assurances	12 324 00	48 036 75
MARCHANDISES		
Stock inventorié, dépréciations opérées		4.170.410 50
Total de l'actif		8.971.754 65

Comptes de Passif

CAPITAL		
Actions libérées		3.300.000 00
EXIGIBLE		
Fournisseurs	2.879.730 25	
Représentants	65.083 20	2 944 813 45
NOTES A PAYER		
Loyer	5.088 95	
Chiffre d'affaires	23.644 60	
Impôts à payer	43.353 75	
Notes diverses	19 366 90	91.454 20
COMPTES COURANTS		
Créditeurs divers		121.520 29
PARTICIPATION		
Personnel de la Direction		112 598 80
ADMINISTRATEURS		79.221 63
COUPON N° 3		210.429 81
PART DE FONDATEUR 1926		12.500 00
AMORTISSEMENTS		
Amortissements antérieurs	308.283 76	
Amortissements 1926	489.382 56	797 666 32
RÉSERVES		
Réserve légale	104.115 84	
Réserve extraordinaire	1.197.433 71	1.301.549 55
		8.971.754 65

Compte de Profits et Pertes

Débit

Frais de fabrication cloche	1 088.396 80
Frais de fabrication appropriage	1.985 165 30
Frais commerciaux divers...	305 326 40
Commissions aux représentants	543.756 75
Intérêts et agios	287.087 80
Amortissements 1926	489.382 56
Impôts supplémentaires et B.I.C	76.684 45
Réductions sur créances douteuses	50.608 55
Participations diverses	112.598 80
	4.939.007 41
Bénéfice net	1.015.943 95
	5.954.951 36

Crédit

Bénéfice brut	5.954.176 05
Profits divers	775 31
	5.954.951 36

RAPPORT DU CONSEIL D'ADMINISTRATION

à l'Assemblée Générale Extraordinaire du 10 Mai 1927

Messieurs,

Par les résolutions de vos Assemblées générales extraordinaire du 16 décembre 1926 et ordinaire du 10 février 1927, vous nous avez donné l'autorisation :

1° D'augmenter le capital social à concurrence d'une somme de 1.100.000 francs, par émission d'actions.

2° De créer, à concurrence de pareille somme, des obligatious en nous laissant le soin de régler toutes modalités d'émission et nous donnant tous pouvoirs à cet effet.

Usant des pouvoirs ainsi conférés, votre Conseil d'administration, dans sa séance du 12 avril 1927, a fixé le règlement de ces émissions sur les bases générales suivantes :

a) Le capital sera augmenté jusqu'à concurrence de 1.100.000 francs par émission de 2.200 actions de 500 francs chacune, de même rang que les actions anciennes, réservées exclusivement aux porteurs d'obligations dont il va être parlé d'autre part.

L'émission des actions nouvelles se fera au prix de 500 francs augmenté d'une somme à titre de prime, égale au montant des réserves divisé par le nombre d'actions formant le capital social.

Les souscripteurs devront verser en souscrivant le montant de leur souscription et celui de la prime.

Le versement devra être effectué en obligations pour la valeur nominale des actions souscrites, et en obligations ou en espèces pour la prime.

Les obligations seront reprises pour leur valeur d'émission, soit 500 francs.

Les actions nouvelles seront soumises à toutes les dispositions statutaires concernant les actions anciennes et jouiront des mêmes droits pour l'exercice en cours.

Les souscriptions seront ouvertes dans les deux mois qui suivront l'Assemblée générale annuelle.

b) Il sera procédé jusqu'au 31 décembre 1927 à la création d'obligations pour une somme de 1.100.000 francs par émission au pair de 2.200 obligations de 500 francs chacune.

De nouvelles obligations pourront être émises ultérieurement, sous réserve toutefois que, jusqu'à complet remboursement des 2 200 premières obligations, la totalité des obligations en circulation ne dépassera pas le tiers du capital social.

L'intérêt de ces obligations est fixé à 8 °/o, net de tous impôts (à l'exception du droit de transmission) payable le 31 décembre de chaque année.

Les obligations porteront jouissance du jour de leur souscription. Le premier paiement d'intérêts sera ainsi effectué au prorata du nombre de jours de l'acte de la souscription au 31 décembre 1927.

Les obligations seront remboursables au pair, en quatre annuités, par tirage au sort annuel effectué au 31 décembre, et pour la première fois le 31 décembre 1929.

Dans les deux mois qui suivront les Assemblées générales annuelles, les porteurs d'obligations auront la faculté de convertir leurs obligations en actions, aux conditions définies par la première résolution.

Les modalités que nous avons fixées à ces émissions entraînent pour les actionnaires et porteurs de parts une suspension provisoire des droits préférentiels de souscription, prévus par l'article 21 des statuts.

Nous vous demandons de bien vouloir sanctionner, pour cette émission seulement, le désistement qui en découle en faveur des obligataires et soumettons, en conséquence, à votre approbation, la résolution suivante :

L'Assemblée ratifie, en tant que de besoin, le désistement des actionnaires de leurs droits, préférentiels de souscription pour l'augmentation de capital en cours, désistement résultant implicitement du droit exclusif, pour les porteurs d'obligations, de souscrire à cette augmentation du capital.

PROCÈS-VERBAL

DE L'ASSEMBLÉE DES PORTEURS DE PARTS DE FONDATEUR

L'an mil neuf cent vingt-sept, le 10 mai, à 16 heures, les porteurs de parts de fondateur de la Société anonyme dite « SOCIÉTÉ ANONYME DES ÉTABLISSEMENTS CANAT & DE LA CHAPELLE » se sont réunis en Assemblée générale, conformément à l'article 60 des statuts, au siège social à Couiza, sur la convocation faite par le Conseil d'administration, suivant avis inséré dans le journal d'annonces légales « *Le Journal de Limoux* », troisième feuille du dix-sept avril mil neuf cent vingt-sept.

Monsieur Jules Barou, Président du Conseil d'administration, est désigné comme Président.

Monsieur Canat et M. de la Chapelle, les deux plus forts porteurs de parts présents et acceptant sont appelés comme scrutateurs.

Monsieur Alba est désigné comme secrétaire.

Le bureau étant ainsi composé, Monsieur le Président constate, d'après la feuille de présence certifiée valable par les membres du bureau, que 24 porteurs de parts possédant 2204 parts sont présents ou représentés.

L'Assemblée représentant plus des trois quarts du nombre des parts existant, est déclarée régulièrement constituée.

Monsieur le Président déclare ouverte l'Assemblée des porteurs de parts et rappelle l'objet de l'ordre du jour :

Suspension, pour l'augmentation du capital en cours, des droits préférentiels de souscription des porteurs de parts, prévus par l'article 21 des statuts.

Après l'échange de différentes observations, personne ne demandant plus la parole, le bureau déclare la clôture de la discussion et Monsieur le Président met aux voix la résolution suivante :

« Les porteurs de parts déclarent se désister au profit des porteurs d'obligations de la « SOCIÉTÉ DES ÉTABLISSEMENTS CANAT & DE LA CHAPELLE » de leur droit de préférence à la souscription de l'augmentation de capital en cours ».

Cette résolution est adoptée à l'unanimité.

Rien n'étant plus à l'ordre du jour, la séance est levée.

De tout ce que dessus, il a été dressé le présent procès-verbal qui a été signé par les membres du bureau après lecture.

Ont signé :

Le Président :
J. BABOU.

Les Scrutateurs :
A. CANAT et G. de la CHAPELLE.

Le Secrétaire :
A. ALBA.

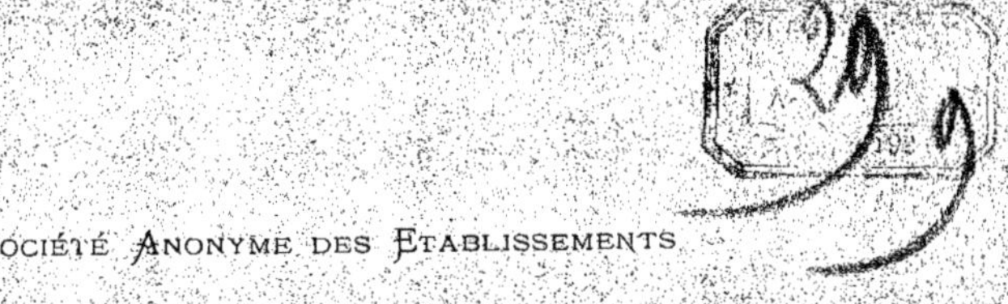

Société Anonyme des Etablissements

CANAT & DE LA CHAPELLE

Siège Social : COUIZA-MONTAZELS (Aude)

RAPPORTS

présentés à l'Assemblée Générale Ordinaire du 6 Juin 1929

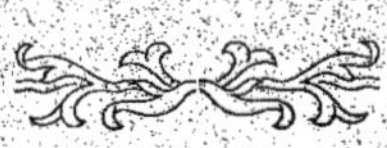

Imprimerie Talamas. — F. Pornon, Limoux. — Tph 82
— 1929 —

Société Anonyme des Etablissements

CANAT & DE LA CHAPELLE

Siége Social : COUIZA-MONTAZELS (Aude)

RAPPORTS

présentés à l'Assemblée Générale Ordinaire du 6 Juin 1929

Imprimerie Talamas. — F. Pornon, Limoux. — Tph 82
— 1929 —

Assemblée Générale Annuelle Ordinaire du 6 Juin 1929

L'an mil neuf cent vingt-neuf et le six juin, à quatorze heures.

Les Actionnaires de la Société Anonyme des ÉTABLISSEMENTS CANAT & DE LA CHAPELLE, au capital de trois millions trois cent mille francs, divisé en six mille six cents actions de cinq cents francs chacune, se sont réunis en Assemblée Générale Ordinaire, conformément aux articles 35, 36, 42 et 43 des Statuts, au Siège Social, à Couiza, sur la convocation faite par le Conseil d'Administration, suivant avis inséré dans le « *Journal de Limoux* », première feuille du 12 mai 1929.

Il a été dressé une feuille de présence qui a été signée par tous les Actionnaires présents à la réunion, ou par leur fondé de pouvoirs.

L'Assemblée Générale procède à la composition de son bureau, dont la présidence revient statutairement à M. Jules BABOU, Président du Conseil d'Administration.

M. MELLIÈS Antoine et M. CANAT Antoine, les deux plus forts Actionnaires présents et acceptants, sont appelés comme Scrutateurs et M. Godefroy de LA CHAPELLE est désigné comme Secrétaire.

M. le Président constate, d'après la feuille de présence certifiée véritable par les membres du bureau, que 65 Actionnaires possédant 5.123 actions, sont présents ou représentés.

En conséquence, l'Assemblée Générale réunissant plus du quart du capital social est déclarée régulièrement constituée et peut délibérer valablement comme Assemblée Générale Ordinaire.

Monsieur le Président demande à l'Assemblée de lui en donner acte, ce qui est accepté à l'unanimité, et il déclare ouverte l'Assemblée Générale Ordinaire.

Il dépose sur le bureau, pour être mis à la disposition de tous les Actionnaires présents à la réunion :

1° L'INVENTAIRE arrêté au 31 décembre 1928, de toutes les valeurs actives ou passives de la Société à cette date.

2° Le BILAN de la Société au même jour.

3° Le compte PROFITS et PERTES.

4° Le Rapport du Conseil d'Administration.

5° Le Rapport dressé par les Commissaires aux Comptes.

Monsieur le Président demande à l'Assemblée de constater que l'inventaire, le bilan et le rapport des Commissaires ont été mis à la disposition des Actionnaires, au Siège Social, quinze jours avant la présente réunion.

L'Assemblée, à l'unanimité, reconnaît l'exactitude de cette constatation, et elle donne au Conseil d'Administration décharge spéciale pour tout ce qui se rapporte à la communication de ces documents.

Monsieur le Président rappelle que, selon l'ordre du jour, l'objet de l'Assemblée Générale Ordinaire est :

1° D'entendre lecture du Rapport du Conseil d'Administration sur les opérations de l'exercice 1928.

2° D'entendre lecture du rapport dressé par les Commissaires aux Comptes sur cet exercice.

3° De discuter sur les conclusions du Rapport du Conseil d'Administration et sur celles du Rapport des Commissaires aux Comptes.

4° De voter sur l'approbation des comptes arrêtés au 31 décembre 1928.

5° De fixer les dividendes à répartir.

6° De donner aux Administrateurs quitus de leur gestion.

7° De procéder à la nomination d'un ou plusieurs Commissaires chargés de vérifier les comptes de l'exercice 1929 en cours et de fixer leurs émoluments.

8° De procéder au renouvellement du Conseil d'Administration.

Se conformant aux indications de l'ordre du jour, Monsieur le Président donne lecture du rapport dressé par le Conseil d'Administration et relatif aux opérations réalisées par la Société pendant l'exercice écoulé.

L'un des Commissaires donne ensuite lecture du Rapport des Commissaires sur les comptes du même exercice.

Après l'échange de diverses observations, personne ne demandant plus la parole, le bureau déclare la clôture de la discussion et Monsieur le Président met successivement aux voix les résolutions suivantes :

PREMIÈRE RÉSOLUTION

L'Assemblée Générale, après avoir entendu lecture du Rapport du Conseil d'Administration et de celui du Commissaire aux Comptes, approuve les comptes sociaux arrêtés au 31 décembre 1928, tels que les a établis le Conseil d'Administration et qu'ils sont résumés dans le bilan et, après entendu les explications du Conseil sur l'exécution de son mandat, elle donne aux Administrateurs quitus de leur gestion pour l'exercice clos.

Cette résolution est adoptée à l'unanimité.

DEUXIÈME RÉSOLUTION

L'Assemblée Générale, approuvant le compte PROFITS et PERTES dressé par le Conseil d'Administration, ainsi que les propositions de dividendes par lui faites, fixe le premier dividende à 30 francs et le super-dividende à 17,04, soit en tout 47,04 par action et fixe à 14,42 la quote-part revenant à chaque part de fondateur, et décide que ces sommes seront payables, sous déduction des impôts, contre détachement du coupon n° 5 pour les actions et n° 5 pour les parts de fondateur, soit net : 42,50 par action nominative, 40,00 par action au porteur, 12,50 net pour les parts, et ce, à partir du 1er juillet.

L'Assemblée approuve la proposition de report à nouveau de la somme de 382.880,58.

Cette résolution est adoptée à l'unanimité.

TROISIÈME RÉSOLUTION

L'Asssemblée Générale nomme, pour l'exercice 1929. MM. RIVIÈRE, négociant à Limoux, et JECHOUX, Directeur de l'école Pigier de Toulouse, en qualité de Commissaires aux Comptes, avec mission de faire, ensemble ou séparément, à la prochaine Assemblée Générale Annuelle, un rapport sur les comptes de l'exercice et d'accomplir tous les actes inhérents à leurs fonctions. Elle fixe leurs émoluments à la somme de 500 francs pour chacun d'eux.

Cette résolution est adoptée à l'unanimité.

QUATRIÈME RÉSOLUTION

L'Assemblée Générale décide d'abandonner au Conseil d'Administration le tantième d'Administrateur qui lui est alloué dans le Conseil de l'I. C. A., ce pour compenser le Conseil de l'insuffisance de rétribution attachée à cette fonction du fait du nouveau régime de la Société.

Cette résolution est adoptée à l'unanimité.

CINQUIÈME RÉSOLUTION

L'Assemblée Générale maintient à une somme globale de 10.000 francs la somme à allouer au Conseil d'Administration à titre de jetons de présence.

Cette résolution est adoptée à l'unanimité.

SIXIÈME RÉSOLUTION

Le mandat des Administrateurs est terminé. L'Assemblée décide de réélire ces mêmes Administrateurs, conformément à l'Article 24 des Statuts.

Sont donc réélus :

Messieurs Jules BABOU.
» Antoine CANAT.
» DUCLOS.
» Faustin FARGE.
» MELLIÈS.
» Bernard VIGNÉ.
Mesdames ALBA.
» DE LA CHAPELLE.

Cette résolution est adoptée à l'unanimité.

De tout ce que dessus, il a été dressé le présent procès-verbal qui a été signé par les membres du bureau, après lecture.

Ont signé :

Le Président :
J. BABOU.

Les Scrutateurs :
A. MELLIÈS et A. CANAT.

Le Secrétaire :
G. de la CHAPELLE.

Rapport du Conseil d'Administration

à l'Assemblée Générale Ordinaire Annuelle du 6 Juin 1929

Messieurs,

En conformité avec l'article 36 de nos Statuts, nous vous avons convoqués en Assemblée Générale Ordinaire pour vous présenter les comptes du dernier exercice et les soumettre à votre approbation.

Par les décisions de vos Assemblées Générales Ordinaire et Extraordinaire des 10 Mai et 5 Juin 1928, vous avez apporté votre fonds de commerce, vos usines et marchandises à la Société « *INDUSTRIE CHAPELIÈRE DE L'AUDE* » avec effet rétroactif à partir du 1er Janvier 1928 et vous avez reçu en rémunération de ces apports des actions et parts de fondateurs de l'I. C. A.

Les opérations de votre dernier exercice se sont donc bornées à faire cet apport et, à cet effet, liquider toutes créances actives et passives et réaliser les stocks non apportés.

Ces opérations assainissent entièrement votre situation. Les Commissaires aux Comptes vont vous présenter et l'accompagner de leurs commentaires, le Bilan de votre Société tel qu'il ressort des écritures arrêtées au 31 DÉCEMBRE 1928.

Le bénéfice se traduit par une somme de 959.159 fr. 33. Ce bénéfice, ainsi que vous l'expliqueront les Commissaires aux Comptes, provient de deux sources : 1° bénéfice de liquidation ; 2° revenus. Le bénéfice de liquidation est spécial à cet exercice, les bénéfices futurs seront principalement constitués désormais : 1° par les dividendes distribués aux actions et parts I. C. A. ; 2° par la portion de bénéfice de l'I. C. A. non distribué aux actions et parts et donnant à ces titres une plus value d'autant.

Nous sommes heureux de vous faire part de la marche très brillante de cette Société, dont le chiffre d'affaires atteint 80.000.000 en 1928 et qui, après avoir pratiqué de très importants amortissements et payé l'intérêt statutaire de 7 % aux actions, a pu porter aux réserves diverses une somme de 2.500 000 francs.

Nous avons donc lieu de nous réjouir de notre apport à cette Société, dont la gestion sage et féconde donne à notre actif une sécurité entière et absolue et nous permet d'espérer des rendements satisfaisants.

Nous vous prions de répartir le bénéfice de la façon suivante :

1° Somme nécessaire pour compléter la réserve légale à 10 % du capital ..		170.180 81
2° Intérêt statutaire de 6 % aux actions....		198.000 00
3° Sur le solde 10 % au Conseil d'Administration....		59.097 84
4° Prélèvement d'une somme de 150.000 francs à répartir suivant l'article 52 des Statuts		
soit : 75 % aux actions....	112.500 00	
25 % aux parts....	37 500 00	150.000 00
5° Report du solde nouveau, soit....		382.880 58
		959.159 23

Si vous acceptez cette proposition, le coupon N° 5 sera payé brut 47, 04 et celui des parts 14, 42.

Les bénéfices distribués provenant des revenus des valeurs mobilières dans les conditions prévues par la loi du 27 Juillet 1926 ayant déjà supporté l'impôt de 18 % sont exonérés de cet impôt. Le paiement net des coupons sera donc exonéré de cette taxe en ce qui concerne la part provenant de ces revenus et, de ce fait, le coupon sera payé net 42, 50 aux actions nominatives, 40, 00 aux actions au porteur et 12, 50 aux parts de fondateur. Le paiement de ces coupons aura lieu, à partir du 1er Juillet, à la Société Générale de Limoux ou à l'Agence Edouard VII, rue Edouard VII, de la Société Générale, à Paris.

La durée du mandat que vous nous avez confié est expiré et vous avez donc à renouveler le Conseil tout entier pour une période de trois ans. Nous pensons que les résultats importants que nous avons obtenus au cours de notre gestion vous ont donné satisfaction. Nous vous offrons à nouveau notre concours.

Nous vous prions également, en rémunération de ses peines et soins, d'allouer à votre Conseil d'Administration le tantième d'Administrateur alloué au représentant de votre Société dans le Conseil de la Société I. C. A., qui le répartira à ses Membres dans la proportion qui lui plaira. Enfin, nous vous proposons de nommer à nouveau MM. JECHOUX et RIVIÈRE comme Commissaires aux Comptes pour l'exercice en cours.

Rapport de MM. Jéchoux et Rivière

Commissaires aux Comptes pour l'Exercice 1928

Messieurs,

Nous venons vous rendre compte du mandat de Commissaires aux Comptes de votre Société, mandat que vous avez bien voulu nous renouveler au cours de votre Assemblée Générale du 5 Juin 1928.

Votre comptabilité nous a été soumise dans les délais légaux.

Les vérifications auxquelles nous nous sommes livrés nous ont permis de reconnaître l'exactitude des comptes qui sont soumis à votre approbation.

Les opérations de votre dernier exercice sont peu nombreuses, elles se résument comme suit :

1° Cession de vos immobilisations et d'une partie de vos marchandises par voie d'apports à la Société « *INDUSTRIE CHAPELIÈRE DE L'AUDE* ».

2° Réalisation des marchandises restant sur le stock au 31 Décembre 1927, réalisation des créances au 31 Décembre 1927 et paiement du passif à même date.

Ces deux opérations assainissent complètement votre bilan, lequel ne présente plus, au 31 Décembre 1928, que les postes suivants que nous faisons suivre de nos observations :

ACTIF

1. — PORTEFEUILLE, titres francs .... 5.700.000 »

Ce poste représente votre participation dans la Société « *INDUSTRIE CHAPELIÈRE DE L'AUDE* ». Il comprend 11.400 actions de cette Société, de chacune 500 francs, entièrement libérées, plus 2.280 parts de fondateur évaluées pour mémoire à 1 franc.

Ces actions et parts ont été obtenues en compensation des apports suivants :

a) Immeubles, matériel et fonds de commerce	3.150.000 »
b) Marchandises apportées	2.500.000 »
c) Souscription en espèces	50.000 »
Ensemble	5.700.000

Il convient de noter que la cession de vos immobilisations se traduit par une plus-value de frs. 742.318, 29, laquelle représente le bénéfice net réalisé sur la cession de votre fonds de commerce, après réduction de la perte sur le matériel.

2. — DISPONIBLE ET RÉALISABLE, francs 1.720.645 54

A reporter... 7.420.645 54

Report...... 7.420.645 54

Ce chapitre se décompose comme suit :

a/ Société I.C.A compte spécial .... 1.100.000 »

Cette somme est laissée en compte jusqu'à son emploi pour le remboursement des obligations émises, la Société I.C.A. doit assurer le remboursement de vos charges obligataires.

b/ Société I.C.A. compte courant frs. 522.111 99

Le solde débiteur de ce compte est tenu à la disposition de votre Société. Les deux comptes ci-dessus ont été constitués par les fonds recueillis de la réalisation des postes de l'actif au 31 DÉCEMBRE 1927, après paiement du passif, ils comprennent également l'acompte de 7 % distribué fin 1928 par l'I.C.A.

c/ Débiteurs divers, frs. 56.673 55

d/ Impôts à encaisser, frs 41.860

Ces deux derniers postes représentent des sommes d'un recouvrement plus éloigné.

3. — IMPOTS AVANCÉS. Sous cette rubrique, figurent les droits de transmission, ainsi qu'une somme de frs. 3.749 pour impôt sur le revenu. Ces frais avancés pour le compte des Actionnaires et porteurs de parts sont à retenir sur le premier coupon à payer. Ensemble frs. 15.217 77

Votre ACTIF s'élève à la somme de frs. 7.435.863 31

PASSIF

1. — CAPITAL, 6.600 actions de 500 fr., libérées		3.300.000 »
2. — OBLIGATIONS, 2.200 obligations de 500 fr.		1.100.000 »
3. — CRÉDITEURS DIVERS, savoir :		
Coupons à payer (actions, obligations et parts)	72.107 »	
Notes à payer (Enregistrement, 4e trimestre 1928)	22.973 65	95.080 65
4. — RÉSERVES DIVERSES, savoir :		
Réserve légale, 5 %	159.819 18	
Réserve extraordinaire	1.821.805 15	1.981.624 33

La réserve extraordinaire a été augmentée en 1928 de la somme de frs. 624.371 43, par décision de l'Assemblée Générale du 5 Juin 1928.

Total du PASSIF, frs. 6.476.704 98

RÉCAPITULATION

Actif	7.435.864 31
Passif	6.476.704 98
Différence frs	959.159 33

représentant le résultat de l'exercice 1928.

PROVENANCE DES RÉSULTATS DE 1928

Les résultats de votre dernier exercice proviennent des trois sources suivantes :

RÉSULTATS BRUTS

1° Bénéfice brut sur la réalisation des stocks restant à liquider au 1er Janvier 1928		187.676 90
2° Acompte sur le dividende reçu de l'I.C.A. (7 % moins impôts) frs.		327.180 »
3° Bénéfice réalisé sur la cession de votre fonds de commerce, après déduction de la perte supportée sur les autres éléments immobiliers		742.318 29
Total du bénéfice brut		1.257.175 19
FRAIS ET CHARGES A DÉDUIRE		
Charges obligataires	106.040 »	
Impôts B.I.C. 1927	162 034 86	
Intérêts et agios divers	3.195 35	
Commissions payées	10 140 45	
Abonnement au timbre, Actions	8.605 »	
Jetons de présence	10.000 »	
Ensemble	298 015 86	298.015 86
Résultat NET		959.159 33

Il convient de remarquer que le résultat ci-dessus ne comprend que la part de bénéfices vous revenant dans l'acompte sur dividendes distribué par l'I.C.A. Il y a lieu de faire état, moralement, des bénéfices importants mis en réserves et des amortissements spéciaux largement pratiqués par cette Société.

Du fait de la fusion de votre Société avec les anciens Etablissements Jean PEILLE, vous êtes, en effet, devenus propriétaires, dans une proportion de 26 % environ, de la très importante firme « SOCIÉTÉ INDUSTRIE CHAPELIÈRE DE L'AUDE ». Les bénéfices mis en réserves vous appartiennent dans la même proportion. Ils se traduiront plus tard par des distributions supplémentaires. En attendant, les réserves pratiquées chaque année apporteront une plus-value constante à vos actions.

Les exercices qui vont suivre se borneront à la répartition des dividendes encaissés. Par contre, vos charges se réduiront à un minimum formé de frais administratifs réduits et des jetons de présence à vos Administrateurs. Etant donné que vous n'aurez plus à supporter l'impôt sur les bénéfices industriels et commerciaux, ni l'impôt sur le revenu des valeurs mobilières (ce dernier étant payé par l'I.C.A.) vous encaisserez la presque totalité des dividendes alloués à votre Société.

La répartition des bénéfices que vous propose votre Conseil est statutaire et ne vous demande qu'un décaissement de frs. 407.097 84, alors que vos disponibilités dépassent vos exigibilités de frs. 525.564 89, tout en tenant compte de la somme de frs. 1.100 000 immobilisée pour le remboursement des obligations. Nous ne pouvons que l'approuver complètement.

Votre comptabilité n'ayant donné lieu à aucune observation, nous vous engageons à accepter purement et simplement les comptes qui vous sont fournis par votre Conseil d'Administration.

Fait à Couiza, le 31 Mars 1929.

Les Commissaires : JECHOUX & RIVIÈRE.

Bilan au 31 Décembre 1928

ACTIF

I. PORTEFEUILLE, TITRES		
11.700 actions de l'I.C.A.	5.700.000 »	
2.280 parts de fondateurs.......	1 »	5.700.001 »
II. DISPONIBLE ET RÉALISABLE		
Société I.C.A., Compte spécial	1.100.000 »	
Société I C.A., Compte courant	522.111 99	
Débiteurs divers...............	56 673 55	
Impôts à encaisser.............	41 860 »	1.720.645 54
III. AVANCE A L'ENREGISTREMENT		
Droits de transmission et impôt sur le revenu		15.217 77
Total de l'ACTIF..........		7.435.863 31

PASSIF

I. CAPITAL		
6 600 actions de 500 fr.		3.300.000 »
II. OBLIGATIONS		
2 200 obligations de 500 fr..................		1.100.000 »
III. CRÉDITEURS DIVERS		
Coupons divers à payer........	72.107 »	
Notes à payer..................	22.973 65	95 080 65
IV. RESERVES		
Réserve légale 5 %...........	159 819 19	
Réserve extraordinaire........	1.821.805 14	1.981.624 33
Total du PASSIF..........		6.476.704 98
RÉSULT, TS 1928		
Bénéfice sur l'exploitation.....	216 840 04	
Bénéfice sur cession du fonds de commerce.................	742.318 29	959.159 33
Total égal à l'ACTIF.....		7.435.863 31

Compte de Profits et Pertes

CRÉDIT

Bénéfice brut sur LIQUIDATION des stocks	187.676 90
Dividende sur actions I. C. A. (net)	327.180 00
Bénéfice sur réalisation du fonds de commerce	742.318 29
TOTAL	1.257.175 19

DÉBIT

Charges obligataires	106.040
Impôts B. I. C.	162.034 86
Intérêts et agios divers	3.195 35
Commissions payées	10.140 45
Droits de timbres sur actions	6.605 20
Jetons de présence	10.000 00
TOTAL	298.015 86

RÉCAPITULATION		
	Bénéfice brut	1.257.175 19
	Charges et frais	298.015 86
	BÉNÉFICE NET	959.159 33

Société Anonyme des Établissements

CANAT ET DE LA CHAPELLE

Siège Social : COUIZA-MONTAZELS (Aude)

RAPPORTS

présentés à l'Assemblée Générale Ordinaire du 25 Juin 1930

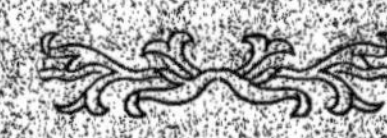

Imprimerie Talamas. — F. Pornon, Limoux. — 82
— 1930 —

Société Anonyme des Établissements

CANAT ET DE LA CHAPELLE

Siège Social : COUIZA-MONTAZELS (Aude)

RAPPORTS

présentés à l'Assemblée Générale Ordinaire du 25 Juin 1930

Imprimerie Talamas. — F. Pornon, Limoux. — Tph 82
— 1930 —

Assemblée Générale Ordinaire du 25 Juin 1930

L'an mil neuf cent trente et le vingt-cinq juin, à quatorze heures.

Les Actionnaires de la Société Anonyme des ÉTABLISSEMENTS CANAT & DE LA CHAPELLE se sont réunis en Assemblée Générale Ordinaire Annuelle, conformément aux articles 35, 36, 42 et 43 des Statuts, au Siège Social, à Couiza, sur la convocation faite par le Conseil d'Administration, suivant avis inséré dans le « *Journal de Limoux* », première feuille du 25 Mai 1930.

Il a été dressé une feuille de présence qui a été signée par tous les Actionnaires présents à la réunion ou par leurs fondés de pouvoir.

L'Assemblée Générale procède à la composition de son Bureau, dont la présidence revient statutairement à Monsieur Jules BABOU, Président du Conseil d'Administration.

Monsieur MELLIÈS et Monsieur CANAT, les deux plus forts Actionnaires présents et acceptants, sont appelés comme Scrutateurs et Monsieur de LA CHAPELLE est désigné comme Secrétaire.

Monsieur le Président constate, d'après la feuille de présence certifiée véritable par les Membres du Bureau, que onze Actionnaires, possédant trois mille trois cent cinquante actions, sont présents ou représentés.

En conséquence, l'Assemblée Générale réunissant plus du quart du capital social est déclarée régulièrement constituée et peut délibérer valablement comme Assemblée Générale Ordinaire.

Monsieur le Président demande à l'Assemblée de lui en donner acte, ce qui est accepté à l'unanimité, et il déclare ouverte l'Assemblée Générale Ordinaire.

Il dépose sur le Bureau, pour être mis à la disposition de tous les Actionnaires présents à la réunion :

1° L'Inventaire arrêté au trente-et-un décembre mil neuf cent vingt-neuf, de toutes les valeurs actives et passives de la Société à cette date.

2° Le Bilan de la Société au même jour.

3° Le Compte Profits et Pertes.

4° Le Rapport du Conseil d'Administration.

5° Le Rapport dressé par les Commissaires aux Comptes.

Monsieur le Président demande à l'Assemblée de constater que l'Inventaire, le Bilan et le Rapport des Commissaires ont été mis à la disposition des Actionnaires, au Siège Social, quinze jours avant la présente réunion.

L'Assemblée, à l'unanimité, reconnaît l'exactitude de cette déclaration et elle donne au Conseil d'Administration une décharge spéciale pour tout ce qui se rapporte à la communication de ces documents.

Monsieur le Président rappelle que, selon l'ordre du jour, l'objet de l'Assemblée Générale Ordinaire est :

1° D'entendre le Rapport du Conseil d'Administration sur les opérations de l'exercice 1929.

2° D'entendre le Rapport des Commissaires sur les comptes de cet exercice.

3° D'approuver, s'il y a lieu, les comptes de l'exercice social 1929.

4° De répartir les bénéfices et de fixer les dividendes.

5° De donner aux Administrateurs quitus de leur gestion.

6° De procéder à la nomination d'un ou plusieurs Commissaires chargés de vérifier les comptes de l'exercice 1930 en cours et de fixer leurs émoluments.

7° De fixer les jetons de présence pour l'exercice 1930.

Se conformant aux indications de l'ordre du jour, Monsieur le Président donne lecture du rapport dressé par le Couseil d'Administration et relatif aux opérations réalisées par la Société pendant l'année écoulée.

L'un des Commissaires donne ensuite lecture du Rapport des Commissaires sur les comptes du même exercice.

Après l'échange de diverses observations, personne ne demandant plus la parole, le Bureau déclare la clôture de la discussion et Monsieur le Président met successivement aux points les résolutions suivantes :

PREMIÈRE RÉSOLUTION

L'Assemblée Générale, après avoir entendu lecture du rapport du Conseil d'Administration et de celui du Commissaire aux Comptes, approuve les comptes sociaux arrêtés au 31 décembre 1929, tels que les a établis le Conseil d'Administration et qu'ils sont résumés dans le bilan et, après avoir entendu les explications du Conseil sur l'exécution de son mandat, elle donne aux Administrateurs quitus de leur gestion pour l'exercice clos.

Cette résolution est adoptée à l'unanimité.

DEUXIÈME RÉSOLUTION

L'Assemblée Générale, approuvant le bilan et le compte « Profits et Pertes » dressé par le Conseil d'Administration, ainsi que les propositions de dividende par lui faites, fixe à 25 francs brut par action le dividende à distribuer, soit net 22 fr. 50 par action nominative et 20 francs par action au porteur.

Elle décide, en outre, que le paiement du coupon N° 6 sera effectué à partir du 1er Août prochain, aux Agences de la SOCIÉTÉ GÉNÉRALE à LIMOUX et au Bureau EDOUARD VII, à PARIS.

Cette résolution est adoptée à l'unanimité.

TROISIÈME RÉSOLUTION

L'Assemblée Générale nomme pour l'exercice 1930, comme Commissaire aux Comptes, MM. JECHOUX, Directeur de l'Ecole Pigier de Toulouse et RIVIÈRE, Négociant à Limoux, comme Commissaire Suppléant, et fixe la rémunération du Commissaire qui déposera le Rapport à la somme de 500 francs.

Cette résolution est adoptée à l'unanimité.

QUATRIÈME RÉSOLUTION

L'Assemblée Générale ramène à la somme de 5.000 francs la somme à allouer au Conseil, quel que soit le nombre des Administrateurs et le nombre des séances.

Cette résolution est adoptée à l'unanimité.

De tout ce que dessus, il a été dressé le présent procès-verbal qui a été signé par les Membres du Bureau, après lecture.

Ont signé :

Le Président :
J. BABOU.

Les Scrutateurs :
A. MELLIÈS et A. CANAT.

Le Secrétaire :
G. DE LA CHAPELLE.

Rapport du Conseil d'Administration

à l'Assemblée Générale Annuelle Ordinaire

du 25 Juin 1930

MESDAMES, MESSIEURS,

Nous conformant à l'article 27 de la loi du 24 Juillet 1867 et aux prescriptions de nos Statuts, nous vous avons convoqués en Assemblée Générale Ordinaire, en vue de soumettre à votre approbation les comptes de votre dernier exercice social clôturé le 31 Décembre 1929.

Du fait de votre apport à la Société « INDUSTRIE CHAPELIÈRE DE L'AUDE », les attributions de votre Conseil se sont réduites aux opérations suivantes :

1° Surveiller votre portefeuille titres, représentant tout votre Capital ;

2° S'occuper de l'administration courante de votre Société.

En ce qui concerne la première de ces attributions, nous tenons à vous rappeler que votre Société fait partie du Conseil d'Administration de la Société « I. C. A. » ; elle est représentée par M. BABOU, Président de votre propre Conseil.

Ce dernier a tenu ses collègues au courant de la marche des opérations de l'I. C A. ainsi que des décisions acceptées au nom de votre Société.

Vous n'ignorez pas que la chapellerie traverse actuellement une crise sérieuse, laquelle a commencé avec la baisse des laines et les menaces de la douane américaine. De ce fait, pour mettre son bilan en harmonie avec les nouveaux prix des matières premières, la Société « I. C. A. » a du sacrifier une partie du bénéfice obtenu de son exploitation.

Cette circonstance s'aggravant de besoin de trésorerie a incité les Administrateurs de cette Société à limiter la répartition de son capital action au taux de 2 °/ₒ brut.

Bien que cette décision trouve sa répercussion immédiate dans les finances de votre Société, votre représentant à « l'I. C. A. » n'a pu qu'approuver cette mesure de prudence et de bonne gestion.

Nous tenons à ajouter qu'à l'approche d'une crise qui paraît devoir avoir des répercussions importantes, nous estimons que notre fusion avec la Société « I. C A » nous permet d'envisager l'avenir avec plus de sérénité que si nous étions restés isolés.

En ce qui concerne l'administration courante de votre Société, notre rôle s'est borné à assurer la répartition des bénéfices de 1928, conformément aux décisions de l'Assemblée Générale dernière, à recevoir de « l'I. C A. » les sommes nécessaires au paiement de nos charges financières et d'en assurer la répartition conformément à nos contrats.

Nous avons procédé, fin Décembre dernier, au tirage au sort de la première annuité du quart de votre emprunt obligataire, lequel était fixé au 31 Décembre 1929. Ce tirage a été effectué en présence d'un huissier, lequel a signé le procès-verbal.

Le remboursement des obligations sorties a été assuré à l'aide de fonds retirés de votre compte courant à « l'I. C. A. ».

RÉSULTATS DE L'EXERCICE 1929 :

Nos Commissaires vont vous donner lecture du Bilan etdu Compte de Profits et Pertes, lesquels se clôturent par un résultat net de frs. 79.197,15. La raison de la modicité de ce résultat vous a été donnée plus haut.

Nous ne devons pas nous dissimuler que, pendant quelques années, nous devrons nous contenter de résultats moyens, étant contraints d'accepter les mesures de prudence adoptées par l'I. C. A., mais nous ne devons pas oublier que les bénéfices, non distribués par cette firme, nous restent acquis dans la proportion de 26 °/o.

La lecture de votre bilan vous montre que :

1° Votre portefeuille actions « I. C. A. » est représenté :

— a — par votre capital	3.300.000 00
— b — par la Réserve légale	330.000 00
— c — par la Réserve extraordinaire	1.821.805 15
— d — par une part des bénéfices 1928	248.194 85
ensemble	5.700 000 00

2° Le compte courant « I. C. A. » est destiné à garantir, jusqu'à concurrence de 1.100.000 francs, l'emprunt obligataire qui figure au Passif.

3° Le solde montre vos disponibilités et vos exigibités.

Savoir :

DISPONIBILITÉS (Réalisé et réalisable)	
Compte courant I. C. A.	80 153 30
Coupons à encaisser	93.480 00
Comptes courants débiteur	55.363 55
A la Société Générale	4.587 25
Impôts avancés	61.718 95
ensemble	295 303 05
EXIGIBILITÉS	
Coupons à payer	71.989 50
Notes à payer	10.430 65
Dû aux Actionnaires :	
1° Report à nouveau de 1928 non absorbé	133 685 75
2° Bénéfices de 1929	79.197 15
Total égal	295 303 05

RÉPARTITION DU BÉNÉFICE

Les résultats de 1929 ne pouvant permettre qu'une répartition réduite, votre Conseil a estimé qu'il pouvait être prélevé, aux bénéfices restant à votre disposition sur 1928, la somme nécessaire pour parfaire le dividende à distribuer, à raison de 25 francs brut par actions. La dépense totale à envisager est de 165 000 francs. Il resterait donc un reliquat de frs. 47.882,90 à reporter à nouveau.

Si vous acceptez ces propositions, le Coupon N° 6 pourra être payé à dater du 1er **Août** au Siège Social.

Soit à 22,50 pour les actions nominatives
et à 20,00 pour les actions au porteur.

COMMISSAIRES AUX COMPTES

Le mandat de MM. JÉCHOUX et RIVIÈRE est expiré. Ces Messieurs se représentent à vos suffrages; nous vous demandons de les désigner à nouveau en qualité de Commissaires pour l'exercice en cours.

Rapport de MM. Jéchoux et Rivière

Commissaires aux Comptes pour l'Exercice 1930

Messieurs,

Nous continuant votre confiance, au cours de votre Assemblée Générale du 6 juin 1929, vous nous avez désignés à nouveau en qualité de Commissaires aux Comptes de votre Société pour votre dernier exercice clôturé le 31 Décembre écoulé.

Nous venons vous rendre compte de notre mandat.

Votre comptabilité est réduite à sa plus simple expression. Vos opérations se bornent à encaisser des dividendes et des intérêts, à assurer le service financier de vos titres et à payer quelques menus frais courants.

Le mouvement de ces opérations vous est donné par le compte d'exploitation ci-après :

EXPLOITATION 1929

CRÉDIT	Coupon de 2 % encaissé de l'I. C. A., produit net	93 480	00		
	Intérêt sur compte courant I. C. A.	110.500	00		
	Ensemble	203 980	00	203.980	00
DÉBIT	Charges obligatoires : Coupons	88 000	00		
	Impôts sur le revenu	15.840	00		
	Timbres sur titres	2.200	00		
	Total	106 040	00		
	Jetons de présence	9.000	00		
	Timbres sur actions	6 610	20		
	Frais divers	3.132	65		
	Total	124 782	85	124.782	85
	Reste net			79.197	15

En ce qui concerne votre Bilan, les postes de l'Actif et du Passif qui figuraient au début de l'exercice se sont trouvés modifiés par les opérations ci-dessus, ainsi que par la répartition des bénéfices de 1928, telle qu'elle a été décidée par l'Assemblée Générale de 1929.

Ci-après, je vous donne connaissance de votre dernier bilan, après ces modifications.

ACTIF AU 31 DÉCEMBRE 1929

Participation I. C. A.	5.700 000	00
Compte courant I. C. A.	1.180.153	30
Coupons à encaisser I. C. A.	93.480	00
Comptes courants divers débiteurs	55.363	55
Société Générale (solde débiteur)	4 587	25
Impôts avancés à recouvrer	61.718	95
TOTAL DE L'ACTIF	7.095.303	95

PASSIF AU 31 DÉCEMBRE 1929

Capital	3.300 000	00
Obligations : a) à rembourser en 3 ans	825 000	00
— b) sorties au tirage à rembourser en 1930	275.000	00
Coupons à payer (actions oblig. Parts)	71 989	50
Notes à payer (enregistrements 4e trimestre)	10.430	65
Réserve légale	330 000	00
Réserve extraordinaire	1.821.805	15
Report à nouveau (Exercice 1928	381.880	60
TOTAL DU PASSIF	7.016 105	90
RÉCAPITULATION : ACTIF	7.095 303	05
PASSIF	7.016.105	90
Différence représentant le net obtenu de l'exploitation de l'exercice	79.197	15

Votre Conseil d'Administration vous propose la répartition totale de ce résultat en complétant cette somme par un prélèvement aux bénéfices de 1928, reportés à nouveau, de manière à assurer un dividende de 25 francs par action. Cette répartition peut être acceptée, la somme de 165 000 francs nécessaire pouvant être obtenue de la réalisation de vos postes actifs sans diminuer le compte courant I. C. A. au-dessous de l'importance des obligations.

L'examen de votre comptabilité n'ayant motivé aucune observation, les comptes qui vous sont présentés étant reconnus exacts, nous ne pouvons que vous engager à les accepter.

Couiza, le 6 Juin 1930.

Les Commissaires aux Comptes: JÉCHOUX & RIVIÈRE.

Bilan au 31 Décembre 1929

ACTIF

Participation I. C. A	5 700.000 00
Comptes Courant I. C. A.	1.273.633 30
Débiteurs divers et banques	59.950 80
Impôts avancés	61.718 95
TOTAL DE L'ACTIF	7 095.303 05

PASSIF

Capital		3.300.000 00
Réserve légale	330.000 00	
Réserve extraordinaire	1.821.805 15	2.151 805 15
Obligations à rembourser en 3 ans.		825.000 00
— sorties au tirage à rembourser en 1930		275.000 00
Coupons et notes à payer		82.420 15
P. et P. Report de l'exercice 1928		381.880 60
— Résultats de l'exercice 1929		79.197 15
TOTAL DU PASSIF		7 095 303 05

Compte de Profits et Pertes 1929

CRÉDIT

Coupons et intérêts reçus de l'I. C. A.		203 980 00

DÉBIT

Charges obligataires	106 040 00	
Jetons de présence	9.000 00	
Frais divers	9.742 85	124.782 85
Bénéfice net de l'Exercice		79.197 15

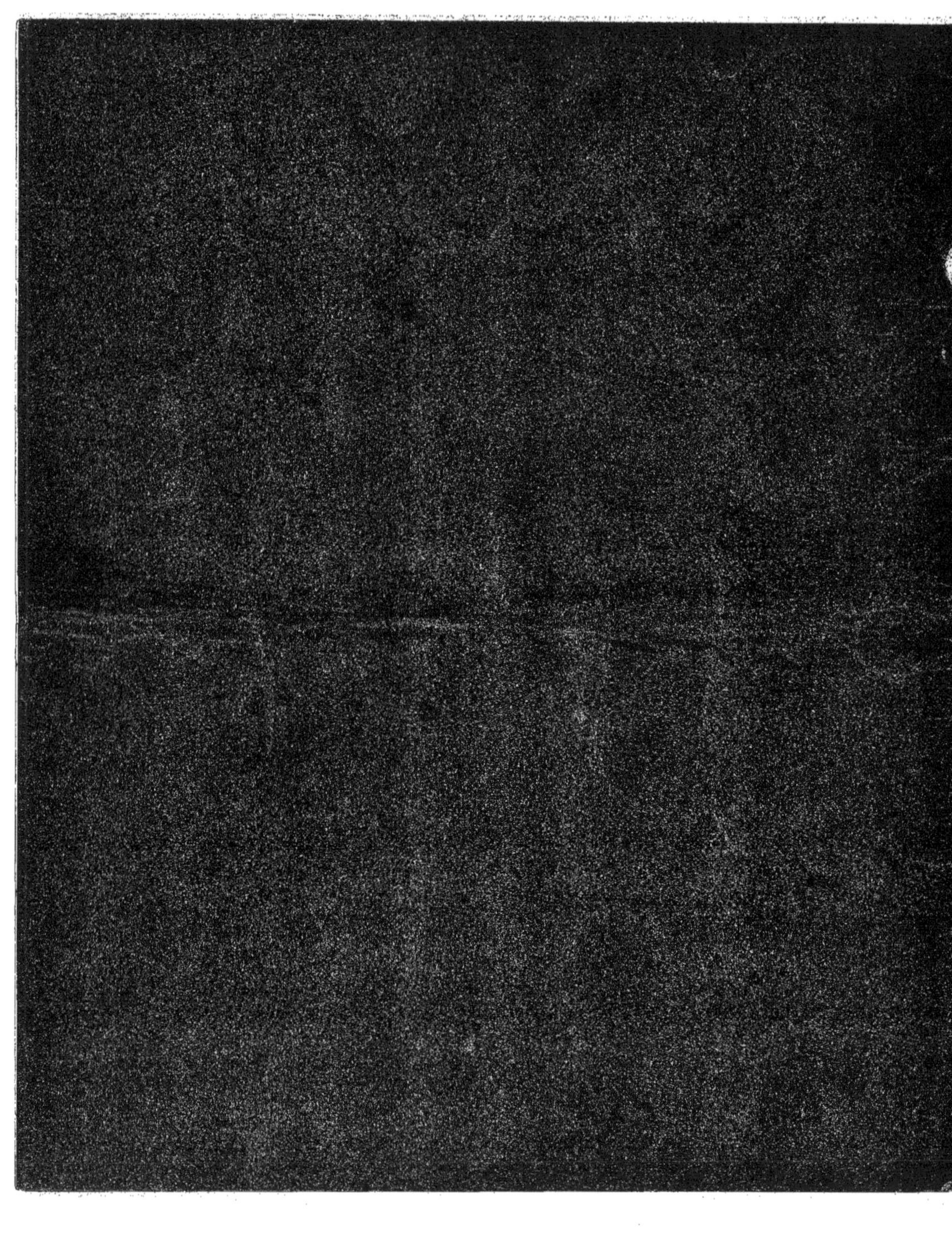

www.ingramcontent.com/pod-product-compliance
Ingram Content Group UK Ltd.
Pitfield, Milton Keynes, MK11 3LW, UK
UKHW022129260726
13993UKWH00003B/1335